OBSERVATIONS

SUR LE

PROJET DE LOI

dû à l'initiative

DE

M. BOVIER-LAPIERRE

AYANT POUR OBJET :

de modifier les articles 457, 458, 459, 466 du Code civil (relatifs à la vente et au partage amiables des Biens de mineurs et des autres personnes incapables) *et l'article 1 de la loi du 23 octobre 1884.*

Présenté à la Chambre des Députés

le 26 novembre 1894. — N° 1015.

OBSERVATIONS

SUR LE

PROJET DE LOI

dû à l'initiative

DE

M. BOVIER-LAPIERRE

AYANT POUR OBJET :

de modifier les articles 457, 458, 459, 466 du Code civil (relatifs à la vente et au partage amiables des Biens de mineurs et des autres personnes incapables) *et l'article 1 de la loi du 23 octobre 1884.*

Présenté à la Chambre des Députés

le 26 novembre 1894. — N° 1015.

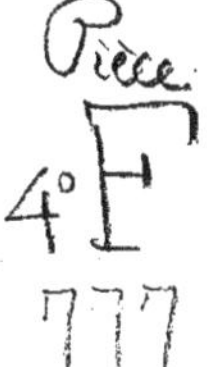

OBSERVATIONS

CONCERNANT LE

PROJET DE LOI

relatif à

L'aliénation des Biens Immobiliers

APPARTENANT

AUX MINEURS ET AUX INCAPABLES

La Chambre des Députés est saisie d'une proposition de loi, intitulée :

« **Loi relative à l'aliénation des biens immo-**
« **biliers appartenant aux mineurs et aux interdits,**
« **et au partage intéressant les mêmes personnes.** »

Elle émane de **M. Bevier-Lapierre**, et c'est le promoteur du projet qui fait lui-même le rapport au nom de la Commission chargée de son examen.

Ce projet de loi transforme le système tout entier de protection, organisé pour les incapables par le Code civil, et mis en pratique par le Code de procédure.

En effet :

1° Il modifie 71 articles du Code civil et 74 du Code de procédure;

2° Autorise la vente amiable des biens des incapables quelle qu'en soit la valeur;

3° Organise des règles de procédure et des formalités applicables à ces sortes de cessions, ventes ou aliénations;

4° Prive les incapables :

1° De la publicité **antérieure** à l'adjudication;

2° De l'enchère;

3° De la concurrence du public;

4° De la surenchère;

5° De la folle enchère, etc...

5° Autorise les incapables à procéder à un partage amiable, à céder des droits immobiliers ou successifs, quelle qu'en soit l'importance;

6° Transforme complètement tout le régime du bénéfice d'inventaire, organisé par le Code civil et le Code de procédure, en décidant que l'héritier bénéficiaire mineur peut partager à l'amiable, même s'il est en concours avec des héritiers majeurs, bénéficiaires qui, eux, sont régis par des dispositions légales différentes;

7° Supprime la protection résultant de la nécessité de composer des lots égaux et de même nature;

8° Supprime le tirage au sort et organise le partage par attribution;

9° Prive les incapables de la faculté de faire appel des jugements d'homologation.

Cette énonciation suffit à elle seule à établir la gravité de la proposition, et à motiver toute l'attention du Parlement.

Il est évident que la simplification du Code de procédure, la diminution des frais, une justice qui mette fin rapidement et économiquement aux litiges et contestations, sont les réformes qui depuis plusieurs années, préoccupent les Pouvoirs publics et le Parlement.

Elles doivent avoir pour résultat d'apporter des modifications à une législation qui avait été, il y a un siècle, fortement conçue; qui a rendu de grands services, mais qui, sur certains points, n'est plus en harmonie complète avec les besoins de la Société actuelle.

Il n'y a personne qui ne soit de cet avis, et les agents de la loi sont les premiers à reconnaître, tous, que des réformes doivent intervenir.

C'est ce qu'avait très bien compris le Gouvernement lorsque, par décret du 10 juillet 1883, rendu sur la proposition du Garde des sceaux, M. le Président de la République avait institué près du Ministère de la Justice une Commission extra-parlementaire, chargée d'étudier un projet de revision du Code de procédure tout entier.

Cette Commission était composée des magistrats les plus éminents, de professeurs de droit ayant consacré leur vie entière à l'étude doctrinale des problèmes à résoudre, de hauts fonctionnaires de la chancellerie et d'officiers ministériels anciens ou encore en exercice, ayant été à la tête de leurs compagnies, et qui lui apportaient l'expérience acquise dans une longue pratique.

Cette Commission extra-parlementaire, qui a travaillé sans interruption pendant dix années, a réussi à créer un projet entier de réformes; tandis que, au contraire, le projet de loi de M. Bovier-

Lapierre n'a pour but que de modifier une partie seulement de nos lois de procédure.

C'est là, au point de vue législatif, un système défectueux.

Au lieu d'un ensemble harmonieux venu d'un seul jet, et dont toutes les parties concordent entr'elles, on est réduit à une œuvre discordante avec notre législation ; et cependant, dans le travail de cette Commission, devenu depuis celui du Gouvernement, l'aliénation des biens immobiliers des mineurs et des interdits, a été l'objet d'une discussion des plus approfondies, et les modifications proposées ont été dictées par cette double considération :

1° Simplification des formes et diminution des frais.

2° Maintien de la protection due aux mineurs et aux incapables.

Sous l'empire de cette préoccupation, la garantie du tirage au sort et le principe de l'adjudication publique ont été maintenus, tandis que le partage par attribution a été écarté.

Le Gouvernement a adopté en grande partie ce travail et en a fait la base d'un projet de Code de procédure civile, déposé par lui à la Chambre le 5 mai 1894.

Le projet de loi de M. Bovier-Lapierre, conçu en opposition de celui du Gouvernement, contient 17 articles ; il touche à un grand nombre de questions et en suivant l'ordre adopté par le projet lui-même, on peut en diviser l'examen en six observations.

I

Vente des Immeubles du mineur dans le cas où il est propriétaire en son nom propre.

II

Vente dans le cas où les immeubles ou droits immobiliers lui proviennent d'une succession indivise ou non indivise.

III

Partage des successions.

IV

Dispositions de procédure au cas d'insuccès de la proposition amiable.

V

Limitation des degrés de juridiction.

VI

Emplois par le tuteur. — Assimilation des autres incapables aux mineurs et aux interdits. — Organisation d'un Conseil de famille pour les enfants mineurs placés sous l'administration légale de leurs père et mère. — Tarif.

PREMIÈRE OBSERVATION

Vente des biens immeubles du mineur au cas où celui-ci est propriétaire en son nom personnel.

La première observation comprend l'examen des articles 1, 2, 3, 4 du projet de loi.

Article premier du Projet.

Le tuteur pourra, en se conformant aux dispositions qui suivent, vendre ou échanger tous immeubles ou droits immobiliers appartenant même indivisément au mineur ou à l'interdit, renoncer à toutes servitudes actives ou consentir toutes servitudes passives.

Art. 2.

L'acte passé par le tuteur devra être approuvé par le Conseil de famille.

La délibération approbative du Conseil de famille sera soumise à l'homologation du Tribunal.

Art. 3.

L'homologation sera demandée par requête collective du tuteur et de toutes les autres personnes figurant à l'acte.

Le deuxième paragraphe de l'article 883 du Code de procédure civile ne s'appliquera pas à la délibération par laquelle le Conseil de famille aura donné son approbation. Mais tout membre dudit Conseil, pourra, par requête séparée, soumettre au Tribunal telles conclusions ou observations qu'il avisera.

Le Tribunal statuera en la Chambre du Conseil, sur l'avis motivé du Juge de Paix, et le rapport écrit d'un Juge, le Ministère public entendu.

Si l'acte est sous seing privé, il sera annexé à la minute du jugement d'homologation, par l'effet duquel il aura, de plein droit, force authentique et exécutoire.

Art. 4.

Dans le cas de vente, le Tribunal, en refusant l'homologation, pourra, s'il en a été requis par les parties venderesses, ordonner qu'il sera procédé à la vente conformément aux dispositions du Code de procédure civile, pour la vente des biens immeubles, appartenant à des mineurs.

Le principe est posé par l'article 1er : *le mineur et l'interdit* **perdront** *le bénéfice de la garantie résultant de l'adjudication publique.*

Livrés à la collusion ou à l'ignorance du tuteur, ils n'auront d'autre protection que :

1° Le Conseil de famille, composé en général d'indifférents ou des personnes ayant des intérêts opposés à ceux des incapables;

2° L'homologation par le Tribunal en Chambre du Conseil, sur simple requête, sans débats, ni contradiction, ni expertise, ni droit d'appel.

Il est intéressant de rechercher les motifs qu'on a pu alléguer pour justifier un pareil abandon de la protection due aux incapables.

Pour les trouver, il faut remonter jusqu'au rapport de M. Piou, du 11 février 1889. Aussi bien M. Bovier-Lapierre déclare se référer aux travaux de son précurseur.

Voici en substance les raisons données par M. Piou.

L'opinion publique réclame la diminution des frais des ventes judiciaires d'immeubles ; le système du Code civil justifié par l'importance attachée autrefois à la possession du sol est devenu un anachronisme.

Le mineur obligé de vendre par adjudication *perd le bénéfice des occasions amiables.*

Ensuite, prévoyant les objections, le rapport cite les cas où le tuteur, avec l'autorisation du Conseil de famille, homologué ou non, peut traiter, au nom des mineurs ; tels seraient : la transaction, l'emprunt hypothécaire ou non, l'acceptation de succession ou de donation, l'acquiescement. Il invoque l'exemple de la loi du 27 février 1880, qui n'exige, pour l'aliénation des valeurs mobilières, que l'autorisation du Conseil de famille homologuée.

Son projet mettra fin, dit-il, aux « portés-fort, » et aux subterfuges des agents d'affaires.

Enfin le mineur conservera l'action en rescision pour cause de lésion.

Tels sont les motifs qui ont inspiré la pensée du projet de loi.

Est-il besoin de réfuter toute cette argumentation ?

En quoi le système du Code civil est-il un anachronisme ?

1°

Adjudication publique

L'adjudication publique avec concurrence des tiers, n'est-elle pas encore la règle absolue, en matière de traités quelconques pour les administrations publiques, les villes, l'Etat lui-même, enfin pour tous les incapables dont les deniers sont gérés par des tiers salariés ou non ?

N'est-elle plus le dernier mot de la justice impartiale ?

La morale publique ou privée a-t-elle fait tant de progrès qu'on n'ait plus à craindre la collusion du tuteur ou gérant ? A défaut de collusion, son ignorance a bien des fois compromis les intérêts à lui confiés.

L'adjudication est entrée dans les usages, à ce point que non seulement les administrations publiques, mais les particuliers eux-mêmes y recourent journellement.

Ceci est tellement vrai que chaque fois qu'un administrateur vigilant du domaine de l'État, d'une commune ou d'une association, reçoit une proposition de vente *amiable*, il la fait passer par le feu de l'enchère, comme pour la purifier et pour écarter tout soupçon de concussion.

L'adjudication a en outre l'immense avantage de donner aux mineurs et aux incapables, qui ne peuvent se défendre, la garantie la plus certaine pour l'estimation des immeubles; car elle constitue une estimation faite non par des experts plus ou moins éclairés et, le plus souvent, malgré leur impartialité, influencés par les observations des majeurs, mais une estimation faite par quelqu'un qui a non seulement plus d'esprit, comme a dit Voltaire, mais aussi plus d'expérience, d'indépendance et de savoir que qui que ce soit, c'est-à-dire, par tout le monde, agissant non pas dans l'intérêt d'autrui, mais dans son propre intérêt.

Proscrire l'adjudication, c'est en effet sacrifier, au préjudice des mineurs et des incapables, des prix de convenance, d'affection, écarter ces mille éléments accidentels qui constituent le prix véritable des choses de toute nature.

L'adjudication, appelant le public à concourir à la vente, établit, par le concours de toutes les appréciations isolées et indépendantes, un niveau dont l'exactitude et la sincérité ne peuvent être soupçonnées.

Dans les familles les plus unies, les cohéritiers éprouvent un embarras extrême à discuter ouvertement la valeur des choses attribuées à leurs cohéritiers.

La licitation publique rend à chacun sa liberté et, sous le couvert des agents de la loi, une loyale et complète concurrence s'établit entre tous les intéressés, au grand avantage de chacun et surtout des incapables.

Cette juste observation des choses et des hommes a dicté aux rédacteurs du Code civil la disposition fondamentale — qu'à défaut du tirage au sort des lots, le seul moyen de conserver l'égalité, c'est l'appel au public, c'est-à-dire l'adjudication.

Depuis quatre-vingt-dix ans, l'expérience a confirmé cette doctrine, et le moment que choisit M. Bovier-Lapierre pour priver les incapables de la garantie de l'adjudication est précisément celui où les majeurs empruntent pour eux-mêmes cette forme de procéder, et proclament ainsi qu'elle est la plus honnête et la plus avantageuse.

Le rapporteur apporte ensuite à l'appui de son projet différents motifs qu'il est indispensable d'étudier et de suivre dans l'ordre qu'il a adopté lui-même.

2°

Le mineur perd le bénéfice des occasions.

Cette allégation est inexacte, et révèle une méconnaissance complète des usages pratiqués en la matière. Chaque fois, en effet, que le tuteur reçoit une proposition d'achat des biens de son pupille, dans ce cas, pour couvrir sa responsabilité et sauvegarder les intérêts de son pupille, il fait contrôler et réaliser cette proposition sur le feu des enchères publiques.

En quoi les intérêts du mineur sont-ils compromis ? Tout au

contraire, il court la chance heureuse de voir l'enchère dépasser le prix offert à l'amiable, et ce fait se produit journellement.

D'après la loi projetée, l'acquéreur n'aura plus ce risque, au grand préjudice de l'incapable.

De plus, les formalités de Conseil de famille et d'homologation seront encore longues. Il courra aussi l'aléa d'un rejet. Qui sait même ce que lui demanderont certains membres du Conseil de famille, en dehors des exigences spéciales du tuteur, et de quel prix ou de quelles complaisances il devra payer leur adhésion ?

Qu'on ne dise donc pas que l'occasion sera beaucoup plus facile à saisir ! En tout cas, cet avantage, s'il existe, est loin de contrebalancer les collusions ou les erreurs grossières dont le mineur sera fréquemment victime.

3°

L'argument tiré de la comparaison avec d'autres actes permis au tuteur autorisé par le Conseil de famille repose sur une erreur.

En effet les actes auxquels il est fait allusion : la transaction, l'emprunt hypothécaire ou non, l'acceptation de succession ou de donation ne sont pas de ceux auxquels les tiers puissent intervenir et apporter leur concurrence, sans quoi le Code les eût indubitablement soumis à la même règle que les ventes.

Ils se réfèrent à des faits détachés une fois décidés, et le Conseil de famille n'est consulté que sur leur opportunité, non sur leur rédaction.

Ajoutons qu'en ce qui touche la transaction, elle est précédée de l'avis de trois jurisconsultes nommés par le Ministère public, et que, d'autre part, l'acquiescement suit une décision tranchée de bonne foi par une magistrature qu'on sait impartiale.

4°

Une objection plus sérieuse semble tirée de la loi du 27 février 1880, mais elle n'est que spécieuse.

L'aliénation des valeurs mobilières du mineur n'étant pas prévue dans le Code, et les tuteurs ayant parfois mésusé de leurs pouvoirs, il fallait une loi pour réprimer les abus.

Or la loi de février 1880 est précisément *restrictive* des principes du Code civil et non pas *extensive*; elle a entendu diminuer la capacité du tuteur et augmenter les garanties du mineur.

Le tuteur, sous sa responsabilité, avait parfois vendu, sans formalité, des valeurs mobilières appartenant en propre au mineur.

Il ne le peut plus actuellement. Il devra suivre les formes prévues par cette loi, c'est-à-dire, autorisation du Conseil de famille, et homologation sur requête.

Bien plus, on a voulu se servir de cette loi pour procéder à l'aliénation de valeurs mobilières appartenant au mineur indivisément avec d'autres personnes; la Chancellerie, par une circulaire adressée, le 20 mai 1880, aux Procureurs généraux, et la Jurisprudence constante des tribunaux se sont opposées énergiquement à cette façon de procéder comme contraire aux lois du partage et aux droits du mineur.

Or, c'est précisément sous une forme détournée ce que voudrait faire le projet de loi de M. Bovier-Lapierre, pour l'aliénation des immeubles.

Mais il est en outre une disposition principale de la loi de février 1880 qu'on affecte de ne pa ! ire. Elle est ainsi conçue :

« **La vente se fera à la Bourse.** »

Or les valeurs mobilières, rentes, actions, obligations, qui constituent actuellement la presque totalité des fortunes mobilières, sont en réalité vendues aux enchères, car la Bourse n'est pas autre chose que le marché public de l'adjudication des valeurs.

Le principe de cette loi c'est donc l'**ADJUDICATION.**

5°

Parlerons-nous du désir qu'aurait eu le législateur de supprimer les subterfuges à l'aide desquels on essayait de tourner la loi et aussi l'industrie des agents d'affaires ?

Mais il est de toute évidence que la collusion, difficile avec la loi actuelle, deviendra, au contraire, des plus aisées, et que les intermédiaires véreux auront toute facilité pour se concerter et agir au grand détriment des mineurs.

Quant à la possibilité pour le mineur de faire prononcer la rescision pour cause de lésion, il sera bien difficile de recourir à ce moyen lorsque dix ans, quinze ans, vingt ans peut-être se seront écoulés après la collusion qui les aura ruinés ; et si le rédacteur de la loi reconnaît la facilité de la fraude, n'est-il pas plus sage de la prévenir que de tenter de la réparer ?

En tous cas, les acquéreurs sérieux et honnêtes, dont l'intérêt aussi doit être protégé, ne seront jamais assurés de l'avenir.

Cette considération ne sera pas sans influence sur leur décision quand il s'agira de traiter du bien d'un incapable ; mais, au contraire, elle n'arrêtera pas les hommes d'une probité douteuse, et cela au grand détriment du mineur, exposé dès lors à traiter plus spécialement avec eux.

6°

Reste enfin l'argument tiré du défaut de proportionnalité dans les frais de ventes judiciaires.

Les ventes des immeubles de peu d'importance sont grevées de dépenses trop lourdes et la loi du 23 octobre 1884 n'aurait pas produit des résultats suffisants; tel est l'argument.

Le mal existe, il faut le reconnaître; mais dans quelle proportion? La statistique dressée par la Chancellerie avoue elle-même ne pas tenir compte des dégrèvements opérés par la loi de 1884. Vraiment, c'est là une étrange façon de raisonner.

On prétend que cette loi n'aurait pas réalisé les effets que l'on en attendait, et, pour le démontrer, on établit les calculs en faisant abstraction des résultats qu'elle a produits.

En effet, on sait que cette loi ordonne diverses restitutions à la charge, soit du fisc, soit des agents de publicité, soit des officiers publics lorsque le prix d'adjudication ne dépasse pas deux mille francs. Les dégrèvements qui en résultent ne sont opérés qu'après l'adjudication prononcée si celle-ci n'atteint pas ce prix de deux mille francs.

On ne fera croire à personne qu'une amélioration ne se soit produite grâce à ce mode de procéder et quoi qu'en dise une statistique mal renseignée.

Mais si les dégrèvements sont insuffisants, rien n'est plus facile que d'en augmenter l'importance.

Cette loi de 1884 a elle-même prévu des degrés dans les restitutions, une sorte d'échelle.

Il suffit de dire, par exemple, que, jusqu'au prix de 5,000 fr., la loi sera appliquée; que, pour les prix inférieurs à 2,000 fr., la restitution comprendra les trois quarts, les quatre cinquièmes, plus, si on veut, des émoluments de la publicité et des agents de la loi. Rien de plus facile à combiner que le fonctionnement d'un cadre élastique et merveilleusement préparé.

En résumé, jamais une question de tarif ou de dépens ne sera sérieusement considérée comme devant entraîner la perte d'un droit de protection essentiel et fondamental.

En toute autre matière, on a trouvé le moyen, sans parler de l'Assistance judiciaire, d'organiser la protection à prix réduits; il est tout aussi aisé de le constituer ici, l'instrument (la loi du 23 octobre 1884) étant tout prêt sous la main. D'ailleurs, les statistiques officielles nous apprennent que le mal est loin d'être aussi grand et surtout aussi étendu que l'on s'est plu à le dire et à le répéter.

Si les frais de vente sont parfois en disproportion avec l'importance de l'immeuble mis en vente, cela n'est vrai que pour les ventes de minime importance, et ces ventes ne présentent qu'une infime minorité.

C'est ainsi que la statistique nous révèle que, dans l'année 1890, les ventes inférieures à 500 fr. n'ont produit que 687,166 fr.; — celles de 500 fr., à 2,000 fr., 1,908,616 fr.; et celles de 2,000 à 10,000 fr. 66,959,162 fr.

Or, pour tout juge impartial, les frais nécessités par la mise en état et la publicité des ventes dépassant 8,000 ou 10,000 fr. ne sont rien moins qu'exagérés.

Le projet de M. Bovier-Lapierre semble dire :

La protection coûte trop cher, supprimons-la; et il bouleverse l'ensemble des dispositions qui protègent un intérêt annuel de

355 millions, parce que les ventes, dont le total s'élève à 3 millions, supporteraient des frais exagérés.

N'est-il pas plus logique, au contraire, d'exonérer de frais ces 3 millions par l'application et l'extension de la loi de 1884, qui contient tous les éléments de cette économie et de continuer à protéger le patrimoine des incapables.

7°

Conseil de Famille et Homologation

L'adjudication supprimée, quelle garantie est laissée au mineur par le nouveau projet de loi ?

Les articles 2 et 3 disposent qu'il suffira au tuteur de prendre une ratification par le Conseil de famille.

1°

CONSEIL DE FAMILLE

Le Conseil de famille est composé de parents ou d'alliés du mineur qui, le plus souvent, ont des intérêts opposés aux siens et, en tout cas, liés avec le tuteur, ils n'oseront le contredire et rompre avec lui pour sauvegarder les intérêts d'un enfant ou d'un malade, dont ils ne craignent ni le contrôle, ni les reproches.

Nous avons supposé le Conseil de famille composé, dans son entier, d'hommes éclairés ou désireux de bien faire.

Mais, en pratique, il n'en est pas toujours ainsi. Le plus souvent les membres du Conseil, connaissant peu les intérêts et les affaires du pupille, se désintéressent de la question qui leur est soumise. Ils ne comprennent pas toujours l'importance de l'acte ou ne cherchent pas à la connaître. Rien ne les y oblige, ni le devoir professionnel, ni la responsabilité possible.

Que de fois encore le Conseil comprend dans son sein des hommes de moralité douteuse. Que de compromissions sont exigées !

Il ne faut pas demander à une institution plus qu'elle ne peut produire. Un Conseil de famille, apte tout au plus à donner son avis sur l'opportunité d'un fait unique ou d'une désignation de personne, est incapable de discuter les conditions laborieuses d'un acte de vente ou d'une liquidation de succession.

La collusion du tuteur, son ignorance ou son imprudence ne rencontreront aucun contrôle. Elles y trouveront souvent des complices.

Avant de confier aux Conseils de famille, le soin de déterminer les conditions d'une vente, il faut se rendre compte de la composition de ces conseils, et surtout dans le scampagnes qui constituent la très grande majorité. Or, des amis, des voisins, des mandataires étrangers représentant les parents éloignés voudront-ils se renseigner ?

En tout cas, ils ne pourront jamais savoir si le prix proposé par le tuteur dans une vente amiable est le prix réel de la chose vendue.

Le Juge de paix, lui-même, dont les attributions sont déjà si multiples, et que l'on veut encore étendre, pourra-t-il s'astreindre à tous les travaux de détail que cet examen exige ?

Les législateurs de 1804 et 1841, après mûre délibération, ont pensé que la mise en vente de l'immeuble avec publicité, concurrence et surenchère était le seul moyen d'en fixer la valeur.

La situation n'a pas changé.

2°

Homologation du Conseil de famille

L'homologation sur simple requête sans contradiction semble reposer sur une base plus sérieuse, mais malheureusement aussi insuffisante.

L'impartialité du magistrat et sa science juridique sont incontestées, mais il ne connaît pas la valeur réelle des biens dont on lui demande d'homologuer la vente ; et il n'a pour se renseigner que les allégations du tuteur et celles de l'acquéreur qui, sans débat, lui présentent requête conjointement.

Rien ne le renseigne sur l'utilité des conditions acceptées en dehors du prix.

L'avis du Conseil de famille n'est qu'une formalité qui n'offre aucune garantie, ni de probité, ni d'exactitude dans les appréciations.

Pour s'éclairer, le Tribunal aura l'avis motivé du Juge de paix et le rapport écrit d'un Juge.

L'avis d'un Juge de paix, quelque sincère qu'il soit, n'est pas celui d'un homme de l'art.

Un magistrat n'est ni un architecte, ni un géomètre, ni un expert; comment connaîtrait-il toutes les propriétés immobilières d'un canton?

Autant d'immeubles, autant de causes diverses d'appréciation.

Comment tiendra-t-il compte de cet élément considérable d'évaluation qui découle de la concurrence probable des amateurs, des voisins désireux d'acquérir, enfin du public!

Quant au rapport d'un juge, cette formalité existe déjà dans la loi. Que le rapport soit écrit ou non, la différence sera bien peu considérable. Ce n'est pas l'obligation de le rédiger par écrit qui fournira les éclaircissements sans lesquels un avis utile ne peut être donné.

Le projet ne dit pas que le Tribunal aura la faculté de recourir à la voie de l'expertise. Mais celle-ci est de droit commun. Elle n'est pas et ne peut pas être interdite.

Les magistrats soucieux de leur dignité et désireux de rendre bonne justice devront l'ordonner; car elle sera le seul moyen pour eux d'avoir des documents certains, et alors, quel bénéfice les mineurs auront-ils trouvé dans le projet de loi ?

Si on n'ordonne pas l'expertise, ils seront sacrifiés sans contrôle, car l'avis non éclairé et parfois peu sincère du Conseil de famille et la pure formalité de la requête à fin d'homolgation ne sont pas une protection.

Si, au contraire, l'expertise a lieu, les frais seront élevés et et des lenteurs considérables et nuisibles leur seront imposées.

Pourquoi ces modifications et ces alternatives déplorables pour les intérêts des mineurs?

Il est si facile de réduire les frais à rien ou presque rien par une extension de la loi du 23 octobre 1884.

DEUXIÈME OBSERVATION

Du cas ou le mineur est propriétaire à titre héréditaire.

1°

Vente par le mineur seul propriétaire ou propriétaire indivis avec d'autres mineurs.

Il arrive le plus souvent que les mineurs n'ont de biens propres que par suite de leur qualité d'héritiers dans les successions de leurs parents. Tous les projets présentés jusqu'à ce jour s'étaient arrêtés devant une barrière, qu'à juste titre, ils jugeaient insurmontable, celle de l'acceptation sous bénéfice d'inventaire.

En effet, quand la loi permet à l'héritier d'échapper au paiement personnel de l'excédent du passif, elle subordonne cette faculté, toute de faveur, à des conditions rigoureuses. Elle a compris que l'acceptation sous bénéfice d'inventaire était un contrat synallagmatique entre l'héritier du débiteur et les créanciers.

L'acceptation sous bénéfice d'inventaire ouvre une sorte de liquidation judicaire, dont l'héritier devient le curateur ou syndic, curateur intéressé au bon résultat, puisque l'excédent actif lui profitera. Mais cet héritier doit, comme tous les administrateurs ou curateurs légaux, vendre au plein jour avec concurrence. Le Code civil, protecteur de l'incapable, lui a imposé très justement l'acceptation bénéficiaire. Le projet nouveau, pour être conséquent avec lui-même, devrait autoriser l'acceptation pure et simple. Il ne l'a pas osé et, en effet, qui oserait prendre une responsabilité aussi grave?

Mais il imagine dans les articles 5, 6 et 7 un système que nous allons expliquer dans la mesure du possible.

Art. 5 du Projet.

Si l'immeuble dépend d'une succession bénéficiaire, l'avoué poursuivant l'homologation de la délibération du Conseil de famille devra faire insérer dans un journal de l'arrondissement, ou à défaut, du département de la situation des biens, un avis contenant sommairement la désignation de l'immeuble et les conditions principales du contrat, ainsi que l'indication de la succession dont il dépend, et les noms, prénoms et demeures des héritiers bénéficiaires. Le numéro du journal contenant ledit avis, sera enregistré au droit fixe de 1 franc.

Même avis sera affiché à la porte de l'auditoire de la Justice de paix et à celle de la mairie de la situation des biens; l'apposition en sera constatée par un simple visa que le greffier de la Justice de paix et le Maire donneront respectivement sur un duplicata dudit avis. Les affiches et duplicata, dispensés d'enregistrement, seront sur papier libre et pourront être manuscrits.

Le jugement sur l'homologation ne pourra être rendu que quinzaine après l'accomplissement des formalités qui précèdent. Tout créancier de la succession pourra s'opposer à l'homologation. En cas d'intervention, l'affaire sera renvoyée à l'audience publique et jugée sommairement.

Art. 6.

En outre, en cas de vente, tout créancier de la succession pourra, dans un délai de quinzaine à partir du jugement d'homologation et sans nouvelles publications, former au greffe du Tribunal civil, par le ministère d'un avoué, une surenchère du 1/10 au moins du prix principal de la vente.

La surenchère sera poursuivie conformément aux articles 709, 710, 711 du Code de procédure civile.

Lorsqu'une adjudication aura lieu après la surenchère, aucune autre surenchère des mêmes biens ne pourra être reçue.

Tout d'abord, publicité restreinte d'un extrait du contrat et surenchère du dixième ouverte aux créanciers seuls; telle est la garantie que le rapporteur du projet déclare efficace et qu'il substitue à la concurrence de l'adjudication publique. Malheureusement ces mesures ne remplacent nullement, à l'égard du mineur, celles qu'on supprime, et qu'il est si facile de maintenir par une extension de la loi de 1884.

On prive et le mineur et le créancier de l'appel au public. Autre chose, en effet, est de pratiquer une surenchère à faire suivre d'une mise en vente à la criée dans un délai plus ou moins long ; autre chose aussi de se présenter simplement au jour indiqué pour la vente sous le couvert d'un avoué sans se faire connaître, et de pousser des enchères graduées sur le sort desquelles on est immédiatement fixé. Enfin, pourquoi limiter aux créanciers seuls, le droit d'enchérir?

Les plus intéressants, ceux qui sont créanciers souvent de petites sommes, les humbles et les petites bourses, voyaient autrefois leurs intérêts défendus par le public.

Ils devront enchérir eux-mêmes un immeuble sans doute au-dessus de leurs ressources, non pas même enchérir, mais surenchérir d'un $^1/_{10}$ à la fois et d'un seul coup. Qui ne voit que leurs intérêts sont absolument sacrifiés? Pour les mineurs eux-mêmes, peu leur importe qu'une surenchère soit mise par un créancier, ou par un simple amateur. Ce qui les intéresse, c'est que l'immeuble soit vendu à son plus haut prix au feu des enchères publiques.

Quant à la faculté d'intervenir à l'homologation, elle n'a rien de nouveau.

La législation actuelle ne leur a jamais interdit la surveillance de leurs droits, même par voie d'intervention judiciaire. On ne leur accorde donc rien de ce chef.

L'homologation prononcée, leur droit de surenchère ne s'étindrait que quinze jours après le jugement. Mais cette décision étant rendue sur requête, ils n'en sauront même pas la date. D'ailleurs, quel que soit le délai, cette surenchère ne remplace en aucune façon les anciennes garanties, et ce qui était dit, aussi bien sous cette observation que sous celle qui précède, demeure en son entier.

2°

Vente par l'incapable indivis avec d'autres cohéritiers majeurs.

Nous avons vu jusqu'à présent le mineur seul héritier, ou en concurrence avec d'autres mineurs tous héritiers bénéficiaires.

Il sera le plus souvent en concours avec un ou plusieurs majeurs, et parmi ceux-ci, il s'en trouvera parfois que l'état douteux de l'actif successoral obligera de n'accepter que sous bénéfice d'inventaire.

Le projet actuel ne traitant que des mineurs et des interdits, il est hors de doute que l'héritier majeur, qui accepte sous bénéfice d'inventaire seulement, devra rentrer dans le droit commun imposé à tous administrateurs appelés à rendre compte à des créanciers. Il sait qu'il n'est que le curateur d'une masse à répartir.

Il devra vendre sous le contrôle de la Justice et par adjudication. Et ainsi sera-t-il obligé de faire, qu'il soit seul héritier ou en concours avec des majeurs.

Mais, dans ce cas, les mineurs ne pourraient plus recourir à la loi que propose M. Bovier-Lapierre.

Or, celui-ci ne l'entend pas ainsi, et il organise alors par l'article 7, un deuxième mode spécial de bénéfice d'inventaire.

Art. 7.

Au moyen de l'accomplissement des formalités qui précédent, les

cohéritiers, même majeurs, qui auront eux-mêmes accepté sous bénéfice d'inventaire, conserveront ledit bénéfice.

En aucun cas, le mineur ou l'interdit ne pourra en être déchu.

Rien n'est plus bizarre que cette nouvelle législation.

S'il n'y a que des majeurs, ceux-ci réaliseront en public, et leur intérêt comme celui des créanciers sera sauvegardé..

Si des mineurs sont avec eux, la protection cesse, aussi bien pour les mineurs que pour les créanciers de la succession.

En d'autres termes, les créanciers d'une succession bénéficiaire auront toutes les garanties organisées par la loi, lorsque la succession sera représentée par des héritiers majeurs; mais ils en seront privés lorsque les héritiers ou même un seul sera mineur ou interdit.

Ce système est la négation de toute idée reçue jusqu'à ce jour, et vainement on en cherche une justification, car il est incompréhensible.

Voici ce que dit textuellement le rapporteur :

« L'héritier majeur bénéficiera de la loi, et il ne sera pas
» déchu de sa qualité d'héritier bénéficiaire quand les formalités
» qu'elle impose au mineur auront été remplies.

» Toute autre solution aurait stérilisé pour les mineurs les effets
» de la loi ; et pour les majeurs, il est d'autant plus équitable de le
» décider ainsi, quand ils sont en indivision pour une succession
» *onéreuse*, qu'au cas inverse, pour la liquidation d'une succession
» *avantageuse*, ils doivent subir **tout le formalisme** imposé par la
» loi à leur cohéritier mineur. »

Cela pourrait s'appeler le système des compensations; singulier système qui ne consolera guère les créanciers lésés ou mis dans l'impossibilité de se défendre.

Le Code civil a organisé toute une série de mesures pour conserver les droits des créanciers d'une succession bénéficiaire; l'héritier bénéficiaire est, en effet, un administrateur dont les pouvoirs sont limités, définis et réglés pour n'en faire qu'un comptable de deniers d'autrui.

Comment! dans le projet de loi de M. Bovier-Lapierre, c'est l'âge du débiteur ou son incapacité qui règlent le sort du créancier!

Si les héritiers sont majeurs, les créanciers conserveront toutes les garanties que leur confère le Code civil.

Si, au contraire, les héritiers sont mineurs ou aliénés, dans ce cas les créanciers en seront privés!

Plus le débiteur bénéficiaire est incapable, moins le créancier aura de garantie!

Et le rédacteur du projet de loi parle de l'absence de ces garanties comme d'une délivrance, en ajoutant qu'au moins dans ce cas, ils seront dispensés *de tout le formalisme imposé par la loi!*

Mais la destruction de ces garanties est tout aussi nuisible au créancier qu'au débiteur.

La garantie donnée par la loi au créancier est la protection du débiteur lui-même, car elle conserve le crédit sans lequel aucune entreprise humaine n'est possible.

En outre, nous avions raison, au seuil de ces observations, d'insister sur la nécessité d'un travail d'ensemble.

Ce projet de loi, sous une forme en apparence très simple, s'occupe en réalité des matières les plus diverses sans les faire concorder et le régime tout entier du bénéfice d'inventaire se trouve ainsi transformé et bouleversé sans aucun examen, ni aucune préparation.

3°

Droits pour le mineur ou l'interdit de vendre ses droits successifs.

L'article 8 permet au tuteur de vendre tous droits successifs du mineur, ou de l'interdit, en observant les formalités du Conseil de famille et d'homologation imposées par les articles 2 et 3.

Art. 8.

Le tuteur pourra, dans les conditions prescrites par les articles 2, 3, qui précèdent, vendre tous droits successifs appartenant au mineur ou à l'interdit.

L'acquéreur desdits droits devra, pour l'aliénation et le partage, observer les formalités imposées au mineur par la présente loi.

En cas d'inobservation de ces formalités, il sera personnellement tenu au payement de l'intégralité du passif successoral, mais sans que le mineur lui-même soit déchu du bénéfice d'inventaire.

Ce que nous avons dit de la collusion possible ou de l'erreur à craindre s'applique avec bien plus de force encore à la cession faite en bloc de droits successifs. On ne connaît l'importance de ces droits, qu'après la liquidation faite, c'est-à-dire après la réalisation de l'actif, et l'établissement du compte passif.

Toute cession consentie avant l'acte liquidatif est un contrat aléatoire. Est-il possible d'admettre que l'incapable soit exposé à de pareilles incertitudes ? Quels acquéreurs trouverait-il en dehors des cohéritiers intéressés à racheter à vil prix ; son bien ne pourra passer qu'entre les mains de spéculateurs véreux qui lui feront payer, on sait à quel prix, l'avance immédiate de quelques deniers.

Il aura agi comme les prodigues qui vendent leurs nues propriétés !

Si de pareilles pratiques, ruineuses à toute époque, avaient été possibles, il aurait fallu plutôt créer une prohibition pour les écarter des mineurs et des incapables et, au contraire, le projet de loi tend à les organiser et les faciliter !

A un autre point de vue, de pareilles conclusions sont absolument en contradiction avec le bénéfice d'inventaire.

Or ce qui est défendu à l'héritier bénéficiaire majeur lui sera permis, au contraire, s'il est mineur ou aliéné ?

Evidemment, lancé dans cette voie, le projet de loi ne pouvait plus connaître aucun obstacle, ni aucune contradiction sans les franchir avec la même facilité.

TROISIÈME OBSERVATION

Du partage des successions.

Deux articles du projet régissent le partage.

Art. 9.

Il pourra dans les mêmes conditions procéder au partage partiel ou définitif de toute succession ou biens indivis intéressant le mineur ou l'interdit.

Le Tribunal sera saisi de la demande d'homologation par une requête collective des copartageants.

Si l'acte ou le partage est fait sous seing privé, il sera procédé conformément au paragraphe final de l'article 3.

Art. 10.

Si le partage ne contient pas attribution de lots, le tirage au sort aura

lieu, soit devant le Tribunal ou devant un juge par lui commis, soit devant un notaire devant lequel il renverra les parties.

1°

Le partage sera valable s'il est suivi d'un avis favorable du Conseil de famille homologué par le Tribunal.

Nous ne pouvons que répéter ce qui a été dit sur l'ignorance ou l'indifférence du Conseil de famille, quand, toutefois, il n'est qu'incapable.

Comment le Conseil appréciera-t-il les questions complexes d'une liquidation de succession, les rapports, les comptes de fruits et de capitaux, les récompenses de communauté, les calculs de quotité disponible, enfin toutes ces matières si difficiles et si ardues.

Comment enfin le Tribunal, auquel ne sera présenté aucun moyen de contrôle, pourra-t-il statuer en connaissance de cause ?

Il ne faut pas oublier, en effet, que la mission de la Justice n'a jamais été et ne doit pas être de créer des contestations; son rôle est de les juger lorsqu'elles sont formulées contradictoirement.

2°

Partage par attribution

La plus grave innovation est sans contredit celle du partage par simple attribution sans tirage au sort.

Il avait été repoussé par les projets antérieurs. Comment la Commission ne s'est-elle pas rendue aux observations de quelques-uns de ses membres, et n'a-t-elle pas compris que rien n'était plus contraire aux principes de notre société moderne française ?

Le tirage au sort est indispensable pour prévenir les combinaisons préjudiciables aux mineurs et la collusion entre le tuteur et les cohéritiers. Le partage par attribution est l'atteinte la plus profonde qui puisse être portée au principe de l'égalité ; c'est le rétablissement d'un droit d'aînesse dissimulé.

Le système de la liberté des conventions a prévalu, dit le rapporteur.

Mais, la liberté est-elle sans limites? N'est-elle pas, à chaque instant, restreinte par les nécessités de la protection due aux personnes et aux biens? Et cette protection n'est-elle pas réclamée plus impérieusement encore quand il s'agit des faibles ou des incapables.

Jamais, jusqu'à ce jour, il n'avait été fait de tentative plus réactionnaire et moins démocratique.

Quand la législation actuelle a succédé aux anciennes coutumes, un des premiers principes proclamés a été l'égalité entre les héritiers appelés à partager une succession et, pour entourer ce principe de tout le respect qui lui était dû, le législateur n'a rien négligé et l'a garanti par les articles 826, 827, 832, 834, 838, 840, 859, 866 du Code civil.

Treilhard, dans la séance du 24 germinal an II, disait :

« Chaque héritier doit avoir sa juste part dans la masse à diviser : la justice peut être violée en donnant des effets de moindre « qualité et valeur.

« Vous sentez combien tous les règlements qui régissent cette « matière, minutieux peut-être au premier coup d'œil, sont essentiels et nécessaires. »

C'est cette opinion noblement exprimée et savamment discutée qui a fait naître les principes écrits sous toutes les formes dans nos lois civiles.

Or le partage par attribution est le renversement de l'égalité.

Le riche manoir de la famille va se placer sans concurrence dans les mains d'un seul; les mineurs ou les incapables, qui ne peuvent se défendre, et qu'on ne consulte pas, reçoivent des valeurs mobilières ou des soultes.

Dans les campagnes, ce qui sera le cas le plus fréquent, les majeurs seront maîtres de la terre, tandis que les mineurs seront réduits dans l'avenir à la cultiver comme serviteurs des aînés.

Un grand établissement industriel existait dans la main du père de famille qui l'a acquis ou créé; de cette source féconde sont sorties les richesses que les enfants sont appelés à recueillir : cette source n'est pas tarie, elle coule toujours et doit encore être abondante.

Or un des enfants placés près du père en convoite la possession exclusive, et veut en concentrer dans sa main la propriété, qui appartient à tous.

D'après le Code civil et les principes d'égalité qu'il a organisés :

Ou les parties intéressées se décident à conserver dans l'indivision cet instrument de la fortune de la famille, de manière à en faire profiter tous les membres qui la composent;

Ou elles le mettent en vente publique pour apporter une concurrence, qui doit en faire déterminer la véritable valeur.

Par le projet de M. Bovier-Lapierre, des considérations spéciales à un seul membre de la famille sont substituées aux raisons puissantes qui les protègent tous; les intérêts sacrés de tous sont sacrifiés aux convenances d'un seul; le partage par attribution soustrait l'heureux attributaire aux dangers de la concurrence, et lui assure sans combat les avantages inappréciables de l'industrie qui appartient à tous et dont il est appelé seul à recueillir les fruits.

Si, EN FAIT, le partage par attribution est injuste, EN DROIT, il est antijuridique.

L'attribution n'est autre chose qu'une vente sans exemple dans la législation.

Elle est, comme la licitation, une expropriation forcée; ce qui est inévitable en matière de biens indivis; seulement cette forme nouvelle sacrifie les intérêts des mineurs au contraire de la licitation qui les protège.

En effet, l'immeuble, l'objet important de la succession ne passera pas le plus souvent dans les mains du mineur; il n'a pas encore gagné par le travail le droit d'acquérir, et rarement sa part dans la succession fournira les ressources suffisantes pour qu'on ambitionne cette acquisition pour son compte; l'attribution, par la force des choses, se fera donc au profit du majeur.

Mais le projet de loi bouleverse, en vue d'une exception, la règle la plus importante de notre Code, l'*Égalité,* et finalement pour consacrer une injustice.

La *licitation* laisse à chaque héritier le droit de se rendre adjudicataire, ou tout au moins de faire monter au chiffre le plus élevé possible le prix de la chose exposée aux enchères.

L'*attribution*, au contraire, les dépossède violemment au profit d'un seul et moyennant un prix arbitraire.

Sous le régime actuel, l'immeuble ne sort de la famille que pour l'une de ces deux raisons :

— Ou parce qu'aucun des héritiers n'est assez riche pour le conserver, malgré les avantages que lui concède la loi fiscale;

— Ou parce qu'un étranger consent à le payer plus cher que les cohéritiers.

En d'autres termes :

Ou aucun des héritiers ne peut ou ne veut garder l'immeuble patrimonial, et la licitation est indispensable ;

Ou si l'un des héritiers peut et veut le garder, il ne lui échappe que parce qu'un étranger le paie plus cher que lui.

Or, le partage par attribution privera toujours les non-attributaires de ce bénéfice.

QUATRIÈME OBSERVATION

Disposition de Procédure en cas de non homologation.

Les articles 4 et 11 prévoyant l'insuccès devant le Tribunal des combinaisons proposées par le tuteur permettent aux Juges de renvoyer, par le même jugement, aux formalités du Code de procédure civile.

Art. 11.

Si le Tribunal refuse d'homologuer, soit les ventes amiables faites pour arriver au partage, soit le partage lui-même, il peut ordonner qu'il soit procédé conformément aux dispositions du Code de procédure civile, relatives aux licitations et partages des mineurs ou autres personnes incapables.

CINQUIÈME OBSERVATION

Droit d'appel.

La faculté d'appeler des décisions des Tribunaux civils est de droit commun.

Néanmoins, pour les litiges dont l'importance est limitée, il arrive que le législateur organise un seul degré de juridiction.

Le projet de loi actuel inaugure un autre principe entièrement nouveau qu'il faut citer textuellement :

Art. 12.

Les jugements ayant PRONONCÉ l'homologation dans les cas prévus aux articles ci-dessus seront en dernier ressort.

Ce qui revient à dire, si nous comprenons la lettre et l'esprit du projet, que les jugements qui auront refusé l'homologation pourront être frappés d'appel, tandis que ceux qui auront prononcé l'homologation seront en dernier ressort.

C'est sans doute l'application du même système des compensations dont parle le rédacteur du projet de loi, lorsqu'à propos de l'acceptation bénéficiaire, il veut préserver le mineur du « formalisme » imposé par la loi, et dont nous avons parlé sous la deuxième observation.

En tout cas, l'application de cette disposition amènerait les résultats les plus étranges et les moins prévus.

A supposer une délibération du Conseil de famille qui aurait accueilli un contrat de vente ou un partage désastreux pour le mineur, si le Tribunal mal renseigné prononce l'homologation : dans ce cas, le mineur, bien que ruiné, ne peut interjeter appel, tandis que, au contraire, si le Tribunal se refuse à accueillir une délibération qui lui aurait paru consacrer la spoliation du mineur, dans ce cas, mais dans ce cas seulement, ce dernier pourra se plaindre et interjeter appel.

SIXIÈME OBSERVATION

Emploi des deniers pupillaires. — Assimilation des autres incapables aux mineurs et aux interdits. — Organisation d'un Conseil de famille pour les enfants mineurs placés sous l'administration légale de leurs père et mère. — Tarif.

Les articles 13, 14, 15, 16, 17 sont consacrés à l'organisation des principes posés par le projet de loi.

Art. 13.

Le Conseil de famille déterminera l'emploi à faire des capitaux provenant au mineur ou à l'interdit des contrats faits en vertu des articles ci-dessus.— Le tuteur devra faire cet emploi dans le délai de trois mois, à moins que le Conseil ne fixe un délai plus long, auquel cas il pourra ordonner le dépôt au nom du mineur ou de l'interdit, soit à la Caisse des

Dépôts et Consignations, soit entre les mains d'une personne ou d'une Société spécialement désignée. — Le subrogé-tuteur devra surveiller l'emploi, les tiers n'y seront pas tenus.

Art. 14.

Les dispositions de la présente loi seront applicables au mineur émancipé agissant avec l'assistance de son curateur. Elles le seront également à celui placé sous l'administration légale de ses père ou mère.

En ce cas, le Conseil de famille sera constitué conformément aux dispositions de l'article 892 du Code de procédure civile.

Art. 15.

La présente loi s'appliquera également aux biens des mineurs et aliénés placés sous la tutelle, soit de l'Administration de l'Assistance publique, soit des Administrations hospitalières. Le Conseil de surveillance de l'Administration de l'Assistance publique et les Commissions administratives rempliront, à cet effet, les fonctions attribuées au Conseil de famille.

La présente loi s'appliquera aussi aux administrateurs provisoires des biens des aliénés, nommés en exécution de la loi du 30 juin 1838.

Art. 16.

Les actes prévus par les articles 1, 8, 9 ci-dessus seront enregistrés au droit fixe de 1 franc.

Le droit proportionnel sera perçu sur le jugement d'homologation.

Art. 17.

Dans le délai de trois mois de sa promulgation, un règlement d'administration publique fixera les émoluments des avoués et les remises proportionnelles qui leur seront allouées en raison des actes et jugements prévus dans la présente loi.

Les tuteurs sont soumis à l'obligation d'employer les capitaux de leur pupille, ce qui est fort juste.

Mais l'article 14 organise un Conseil de famille pour les mineurs placés sous l'administration de leurs père et mère.

Chaque fois que le père de famille aura un enfant mineur intéressé dans un partage de succession ou la vente d'un immeuble, il verra le Conseil de famille discuter son autorité et s'interposer entre lui et son enfant.

C'est là, dans une loi de procédure et sans que la question ait même été ni vue ni examinée, une atteinte des plus graves aux principes qui régissent la puissance paternelle.

L'article 17 réglemente les intérêts du trésor en les sacrifiant ; et la rémunération des agents de la loi, en parlant d'un règlement administratif qui interviendra, pour fixer le tarif proportionnel qui leur sera appliqué.

Cette question importante fera l'objet d'un examen ultérieur.

Il ne s'agissait dans ces observations que des principes de droit, et c'est sur ce terrain que nous sommes restés.

RÉSUMÉ

L'examen de ce projet de loi nous a amené à repousser différentes innovations funestes aux intérêts des incapables.

Deux d'entre elles surtout ont frappé notre attention, savoir :

1° *La suppression de l'adjudication ;*

2° *Le partage par simple attribution.*

Nous y avons vu la ruine des faibles, le retour à un régime déchu et à jamais condamné. Mais une autre considération est venue à notre esprit. Nous n'avons pu nous empêcher de remarquer que ce projet, sous sa forme relativement modeste, venant d'un point de départ d'abord restreint, motivé par une simple question secondaire de frais, arrivait au changement d'un nombre considérables d'articles, tant du Code civil (71) que du Code de procédure (74).

En résumé 145 articles de nos Codes sont modifiés (Voir *annexes nos 1 et 2*, page 42, le tableau détaillé de ces modifications) et la comparaison du projet du Gouvernement et de celui de M. Bovier-Lapierre.

Ce bouleversement de toute une législation est poursuivi par une Commission de onze membres, en dehors et contre le projet du Gouvernement, malgré la constitution d'une grande Commission de 33 membres qui a été instituée précédemment pour étudier les grandes réformes qui touchent aux lois civiles et de procédure.

On se demande avec anxiété comment M. Bovier-Lapierre peut insister pour faire venir son projet sans le soumettre à cette grande Commission déjà saisie du projet du Gouvernement.

Le renvoi s'impose.

Un travail d'ensemble est en préparation.

On ne peut en détacher des fragments pour les faire venir isolément à la barre de la Chambre. A cette condition seulement pourra être accompli un travail d'ensemble et sans incohérence.

Au surplus, la Commission des 33 est libre de son ordre du jour ; elle peut, si cela lui convient, accorder à l'étude de ce projet la priorité.

Mais si, par impossible, la discussion s'engageait sur ce projet détaché, il nous incombait d'appeler l'attention des législateurs sur les périls de ce projet, sur son caractère réactionnaire et anti-démocratique.

Il fallait enfin signaler le remède si simple que fournit l'extension de la loi de 1884, et qui, à lui seul, suffit à faire écarter le projet de loi présenté par M. Bovier-Lapierre.

ANNEXES

6

ANNEXE N° 1

Articles du : 1° Code Civil; 2° Code de procédure civile, qui sont modifiés ou remplacés par le Projet de loi Bovier-Lapierre.

1° CODE CIVIL

		Nombre des articles modifiés par le projet de loi Bovier-Lapierre
Tutelle / Capacité des tuteurs	Art. 457 à 468	12
Mineur émancipé	Art. 482 à 485	4
Interdit. — Aliéné	Art. 509	1
Capacité des Commissions administratives qui régissent les personnes et les biens des aliénés		2
Partage	Art. 815 à 842	28
Vente de biens de mineurs	Art. 1686 à 1688	3
Bénéfice d'inventaire	Art. 774, 776, 793 à 810, 814	21
	Total	71

2° CODE DE PROCÉDURE CIVIL

Partage	Art. 966 à 985	20
Vente de biens de mineurs	Art. 953 à 965	13
Bénéfice d'inventaire	Art. 986 à 996	11
Enchère. — Folle enchère	Art. 701 à 707, 711 à 713, 733 à 742	20
Surenchère du 1/6	Art. 708 à 710	3
Surenchère du 1/10	Art. 832 à 838	7
	Total	74

RÉCAPITULATION

Code Civil	71
Code de Procédure civile	74
Total des articles modifiés par le Projet de loi de M. Bovier-Lapierre	145

ANNEXE N° 2

Comparaison entre le Projet du Gouvernement et celui de M. Bovier-Lapierre, établissant que le Projet du Gouvernement simplifie les formalités et diminue les frais.

PROJET DU GOUVERNEMENT	PROJET BOVIER-LAPIERRE
Formalités d'après la loi d'ensemble, lorsque la succession est bénéficiaire :	Formalités d'après la proposition de M. Bovier-Lapierre, lorsque la succession est bénéficiaire :
1°	1°
Pas de Conseil de famille.	Conseil de famille **toujours.**
2°	2°
Jugement sur **simple requête collective.**	Jugement d'**homologation du Tribunal.**
3°	3°
Cahier des charges **postérieur** au jugement.	Acte de vente amiable **antérieur** au jugement.
4°	4°
Publicité **antérieure** à l'adjudication et appel du public à la vente.	Publicité **postérieure** à la vente amiable.
5°	5°
La purge de toutes les hypothèques légales ou inscrites, opérée *ipso facto*.	N'opère aucune de ces deux purges.
6°	6°
Surenchère du dixième possible **par tout le monde** et avec des formes simplifiées.	Surenchère réservée seulement aux créanciers de la succession.
7°	7°
Plus de notifications aux créanciers inscrits ni de purge des hypothèques légales.	1° Notification aux créanciers inscrits. 2° Purge des hypothèques légales. } Nécessaires.
8°	8°
Voie de folle enchère **toujours ouverte.**	Privation de la voie de la folle enchère.

SOMMAIRE

PARIS

TYPOGRAPHIE & LITHOGRAPHIE MAULDE, DOUMENC & Cie

144, rue de Rivoli, 144

1895

www.ingramcontent.com/pod-product-compliance
Ingram Content Group UK Ltd.
Pitfield, Milton Keynes, MK11 3LW, UK
UKHW021129230726
13926UKWH00002B/685

9 782014 095234